Rolf Friedrich Schuett

Aphorismen, Bonmots und Reflexionen

Neue Auswahl aus mehreren Bänden

Rolf Friedrich Schuett

Aphorismen, Bonmots und Reflexionen

Neue Auswahl aus mehreren Bänden

Bibliographische Information Der Deutschen Bibliothek:
Die Deutsche Bibliothek verzeichnet diese Publikation in
der Deutschen Nationalbibliographie; detaillierte bibliographische Daten sind im Internet abrufbar über
http://dnb.ddb.de

Herstellung und Verlag :

BoD – Books on Demand, Norderstedt

Gedruckt auf alterungsbeständigem Papier
(holz- und säurefrei)

Umschlaggestaltung : E. L. Schmidt

Printed in Germany

ISBN 978-3-7481-5627-7

„Dasselbe nämlich ist Denken und Sein."

„Denn wie man jeweils die Mischung in seinen viel
schwankenden Körperteilen hat, so wird Erkenntnis
den Menschen zuteil. Denn was die Beschaffenheit
der Körperteile begreift, ist für die Menschen
dasselbe, und zwar für alle und jeden: das Mehr
(oder Weniger) aber ist die Erkenntnis." (16. Kap.)

(*Parmenides von Elea*, Lehrgedicht „Über die Natur",
um 480 v. Chr.)

meinen Eltern

in Dankbarkeit

Nur ein Trauma erlöst vom vorigen.

Mainstream und Opposition geben sich
gern füreinander aus, um anzugeben.

Man besteigt den Elfenbeinturm von Babel nur,
um sich herabzustürzen – ins Getümmel.

Ich teile eure Meinungen,
aber in mehr Wider-Sprüche.

Vergessen heißt verdrängen,
dass und was man verdrängt.

Selbstbeherrschung lässt sich schmackhaft
machen als bestes Mittel der Weltherrschaft.

Sein Christentum hat Bachs Musik komponiert,
nicht lauter Lust an schönstem Lärm.

Hilf deinem Gegner. Das schwächt ihn.

Wer auf Chefs herabsieht,
schaut noch nicht zu Bettlern auf.

Komisch nur, dass es so viele Geisteskrankheiten
in sportlichen Körpern wie gesunden Menschen-
verstand von Genies in kränklichen Leibern gibt.

Wahrheiten wollen wie Lügen verbreitet werden,
um Gehör zu finden.

Polyphone Sphärenmusik. Erhebe deine Stimme,
vielleicht gehört sie zu kosmischen Opern
für Himmlische, mit viel Kontrapunkt.

Descartes : Ich denke nach, also bin ich vorn.

Rosen und Disteln verstellen sich
die Sicht aufeinander.

Schufte schaffen sich viel,
Geschaffte schuften dafür.

Steigst du, oder sinkt der Boden (der Tatsachen)?

Gut begründen lässt sich fast alles (auch *dies*),
ganz beweisen fast nichts (nicht mal *das*).

Das Minus hält ein Plus für Minus hoch zwei.

Es optimiert noch die Selbstoptimierung,
sie immer kritisch in Frage zu stellen.

Die aufsässigsten Jugendlichen werden später
die bravsten Spießer, die artigsten Kinder aber
die bravourösesten Rebellen. Bravo!

Der Arme hasst die Arbeit, weil sie Kraft kostet,
der Reiche hasst sie, weil sie Geld kostet.

Wieviel Irrsinn ist noch vernünftig, und
wieviel Kosmos verträgt das Chaos noch?

Kunstformen verachten einander als Kunststoffe.

Gottes Verstand wirkt wie menschliche Einfalt
und menschliche Bosheit wie Satans Güte.

Selbstlosigkeit ist die Objektivität von Millionen,
Subjektivität ist die Sachlichkeit von Millionären.

Wer kein Gewissen hat, hat gewiss ein gutes;
wer ein Gewissen hat, hat kein gutes.

Ein wenig Wertvolles ist an jedem Menschen,
sogar am Reichen. Etwas Grips steckt überall,
sogar in Köpfen.

Das Tier fällt auf die Füße wie ein Stein,
die Pflanze steht aufrecht wie ein Mensch.

Die moderne Physik wirkt wie das Welträtsel,
für dessen Lösung sie sich hält.

Gott lässt würfeln.

Man hat eher einen Begriff für Gott als von Ihm.
Arbeitsfriede kriegt ewig Krieg mit Gottes Wort

Lassen freie Selbstbestimmungen mich nur ent-
decken, wozu ich von Anfang an bestimmt war?

Altersweise : Nicht mehr so klug wie einst.
Weisheit macht älter als Alter weise.

Demenz heißt, sein Alter zu vergessen.

Junge wie Alte reden so viel,
weil sie nichts zu sagen haben.

Moral will, dass Junge alt sind,
bevor sie alt werden.

Auch Vorsichtigste sehen vor sich nur Vorsehung

Am ältesten wird, wer schon alt geboren wird.

Alt ist, wer von allem genug hat,
auch wenn er nichts bekommen hat.

Kurz ist das Leben, länger das Alter.

Ich denke an Gedanken, *also bin ich* am denken.

Große Genüsse kann sich das Alter
so wenig leisten wie die Jugend.

Man entweicht dem Kerker der Unabhängigkeit
in die freie Luft der Schreibtischfron.

Kapitalismus ist die gerechte Strafe für alle,
die seine Füllhörner nicht missen mögen.

Sind 7 Jahre vor dir länger als 70 Jahre hinter dir?

Zeit ist in dir, und du bist im Raum.
Also ist Zeit im Raum – doch nur in dir.

Ist eine Philosophie mehr als Abwehr von allem,
was sich über sie sagen lässt?

Der Satz, dass metaphysische Sätze sinnlos seien,
ist ein sinnlos metaphysischer Satz. (Auch dieser)

Unterscheide dich von anderen dadurch,
dass du ihre Unterschiede übersiehst.

Wer zu präzise über Gefühle sprechen kann,
redet oft zu vage über exakte Wissenschaften.

Gott handelt nur menschlich,
soweit er kein Menschenwerk ist.

Man weiß schon besser, was morgen kommt,
als was gestern war und heute nicht ist.

Sind Elementarteilchen real und das unbegrenzte
All nur eine Idee oder nur das Universum real
und seine unendliche Teilung ein bloßes Ideal?

Kant : Behandle andere nie nur der Erscheinung
nach, sondern immer auch als *Dinge an sich* !

Ein Buch kann schlechter die Welt verbessern,
als die Welt ein Buch schlecht machen.

Objektivität heißt heute, subjektive Autonomie
in technischen Objekten zu automatisieren.

Werden schon mehr Bürger von Proletarisierung
bedroht als Arbeiter von Verkleinbürgerlichung?

Was ist aus dem Bewusstsein verdrängter
als jene, die nicht nur aus dem Bewusstsein
verdrängt sind?

Endlose Zukunft kann noch verfließen, nicht aber
endlose Vergangenheit schon verflossen sein.

Hätte die Welt keinen Anfang,
könnte nie mehr Neues passieren.

Dass wir die Welt nicht geschaffen haben, muss
unser Werk sein, und *dass* das Sein abhängt vom
Bewusstsein, gilt unabhängig vom Bewusstsein.

Große Kunst lässt auch Kenner nicht mehr
erkennen als : „Das kannst du nicht!"

Wer Taten sprechen lässt, handelt mit Worten.

Schützt Mutter Natur vorm Vatergott, der uns
vom Rockzipfel der Mütter emanzipiert?

Die Trennung von Staat und Kirche
ward Kumpanei von Macht und Geist.

Wie kann man Irre zur Vernunft bringen,
ohne ins Irrenhaus zu kommen, und wie Vernunft
realisieren, ohne sie zu rationalisieren?

Sartre recalled : condamné à fraternité-terreur?

Wer die Wahrheit über Flüsse sagt, vereist sie.

Ich will ewige Wiederkehr der gleichen Chance,
die *ewige Wiederkehr des Gleichen* zu stoppen.

Die Mehrheit der Mütter, die bei Kindern zuhause
bleiben, haben sich vom Fließband emanzipiert.

Wären Bürger, die Maschinen stürmen,
so dumm wie Arbeiter, die sie nicht sabotieren?

Leben ist der kurze Weg von Gedankenlosigkeit
zu Gedächtnisschwund.

Pfarrer sollten mehr für ihre Religion leben
als von ihrer Kirche.

Heute wird man abhängig oder abgehängt.

Ungerechte Globalisierung : Alle gewinnen,
doch manche besiegen die Gewinner haushoch.

Satte Bürger hungern und dürsten nach Appetit.
Die Appetitzügler des Armen sind Speisen.

Erkenne dich selbst –
als unbekannt und unverkannt.

Die Wahrheit besteht im Leben darin,
dass man über Unsinniges auch nur Unsinn redet.

Kann man etwas anschauen
und zugleich durchschauen?

Ein Einzelner fällt. Kein Einzelfall.

Ist jüngste Vergangenheit unbewältigte Zukunft?

Denken heißt sein Gedächtnis verstehen.

Im Alter kommt Sehschwäche, aber das Sehen
selbst ist eine Schwäche für Sehensunwürdiges.

Ist Moral nobelste Art, an der Welt zu scheitern?

Bildung ist das Privileg, keins zu brauchen.

Ich traue keinem, denn ich betrüge alle.

Größer als Illusionen sind nur die über sie.

Radikaler Konstruktivismus heißt, auch Gottes
Ebenbild erschafft die Welt aus dem Nichts.

Der Böse tut Gutes, wenn's ihm guttut.

Nähe vergrößert die Fehler, Distanz die Vorzüge.

Quadratur des Bekanntenkreises? Vier Freunde.

In Wahrheit werden Irrtümer bewahrheitet
wie Wahrheiten belogen.

Zensur ist die Auflage für ein Druckwerk,
keine Auflage zu haben.

Iss vom Baum der Erkenntnis, wie man das Paradies abschafft, indem man sein eigenes erschafft!

Selbstmord macht nicht selbstloser
als Selbstbewusstsein und Selbsterkenntnis.

Wer nichts zu sagen hat,
hat vielleicht schon alles ausgeplappert.

Das Schlaraffenland bietet nur Äpfel vom Baum
der Erkenntnis, wie man dort hinkommt.

Materialismus : Plattfußnote zu Platon.

„Es gibt kein richtiges Leben im falschen",
als seine Falschheit zu berichten.

Hirnforschung : Der Kopf ist selbstgenügsam.

Besteht mein Verdienst darin, deinem zu dienen?

Mancher übt Selbstkritik,
um sich nicht überzeugen lassen zu müssen.

Ein guter Kopf verliert seinen Blick(winkel)
nie aus den Augen.

Motivieren heißt anfeuern, ohne einzuäschern.

Werte? Ist die Lebensreise ihr Endziel wert o. u.?

Liegt deine Bestimmung denn bestimmt darin,
sie selbstbestimmt zu suchen oder zu ersuchen?

Wer jedes gelesene Buch auf eine Sentenz
komprimiert, schreibt einen Aphorismenband.

Das nächste Gut(e) entsteht durch Ausbesserung
des Nächstbesten.

Was Zähne hat, spitze Zunge und einen Riecher,
ist noch kein Kopf.

Köpfe sind nun aufgeklärt übers Geschlecht,
die Geschlechter schlechter über den Kopf.

Würde alles anders, wäre es anders als gedacht.

Künste und Wissenschaften bereichern den ärms-
ten, ihr Fehlen verarmt den reichsten Menschen.

Wer Vergangenes nicht vergehen lässt,
vergeht sich am Unvergänglichen.

Wer die Feder führt, lässt keine.

Iss vom Baum der Erkenntnis, um aus dem
Paradies der Werktätigen ins *Paradies der
Kunstwerktätigen* vertrieben zu werden!

Erst dienst du mir, dann bedienst du mich,
dann dich meiner, und bist dann bedient.

Weil du mal früher zu Bett gehst,
geht die Sonne nicht eher auf oder unter.

Natur in Zahlen erzählt. Mathematik siegt in
der Physik, weil idealisierende Vereinfachungen
ausreichend genaue Näherungswerte ergeben.

Wes Brot ich besing, des Lied ich verg-ess.

Ich würde lieber wissen, was heute ist, als was in
1000 Jahren sein wird oder vor 10000 Jahren war.
Leider ist das eine ohne das andere nie zu haben.

Der Mittelstand gehorcht dem Befehl zu befehlen.

Wo Faustrecht herrscht, nimmt man sich lieber
seine Rechtlosigkeit.

Soll ich dich lieben, gib mir mehr Oxytocin.

Wenn Engel nur verkleidete Teufel sind,
sind Lügner noch keine verkleideten Wahrsager.

Wer die Wahl hat, wählt schnell wahllos.

Kultur ist nicht über- oder widernatürlich
und Natur keine Subkultur.

Freiheitskämpfer? Platzangst sucht das Weite.

Hat das Leben eher sechs Sinne
als nur einen Sinn?

Kultur wird heute gebeutelt:
Sie steckt nur noch im *Kulturbeutel.*

Tierschützer sind selten pflanzenlieb,
Pflanzenschützer selten tierlieb
und beide oft nicht menschenfreundlich.

Entseelte und Seelenlose suchen Animateure,
Entleibte und Körperlose Korporationen.

Der Kurzsichtige sieht seinen Nächsten und
Nächstbesten, der Weitsichtige nur Sterne.

Sein Sinn geht schneller stiften,
als das Leben ihn selber stiften kann.

Alte Idee in alter Form : Sprichwort.
Neue Idee in alter Form : Philosophie.
Neue oder alte Idee in neuer Form : Aphorismus.

Man vermisst sich oder ist so vermessen,
Gott wie die Welt zu vermessen.

Selbstbeherrschung gilt heute
als herrschende Form der Anästhesie.

Die Geistreichsten glauben nur noch
an Materie(llstes).

Hirnforschung : Das riesengroße Ego
schmachtet in kleinen grauen Zellen.

Du sollst deinen Vater und deine Mutter ehren,
auf dass es dir wohl ergehe und du lange lebest
auf Erden, *sagte Gottvater*. Du sollst Vater und
Mutter verlassen, um mir zu folgen, *sagte Jesus.*

Selbstkritik stinkt mir mehr
als dir mein Eigenlob.

Zuweilen ist Langeweile so kurzweilig,
wie ewige Kurzweil langweilt.

Werden Mann und Frau *ein* Fleisch,
endet ihre Beziehung.

Lebenskunst macht Lust auf das, was man hat.

Allgemeinwohl : Alles Wohl der Gemeinheit!

Mein Hirn denkt, also bin nicht ich.

Manche grübeln versaut und vögeln gelehrt.

Produktionsbetriebe : Massenarbeitstierhaltung.

Man stirbt daran, nichts zu lieben,
wie an dem, was man am meisten liebt.

Inbegriff von Tod : Alles ist eins und nichts.
Allgemeinheit : Alles ist eins und gemein.

Noch Alte sind so wertvoll
wie ihr Bankvermögen, nicht ihr Denkvermögen.

Hasst du Witz, den du nicht hast?

Der Ruhestand des Alters ist nach dem Leerlauf
des Lebens ein Fortschritt.

In der Hand der Denker wird kein Bleistift mehr
zum Sinnstift.

Autoren ohne Geld verehren es,
Autoren ohne Geist verleumden ihn.

Autofahrer nehmen täglich Mord
billigend in Kauf.

Ärzte halten uns Magen- und Darmspiegel vor.

Die Welt ließ sich nur religiös und lässt sich nur
mathematisch erfassen – das gleiche Wunder?

Liebe und Ehe : Er *hat* sie anders als sie ihn.

Wer ein richtiger Schriftsteller sein will,
ohne sich der Rechtschreibung zu stellen,
ähnelt einer Schreibfeder, die wegfliegen will.

Dürfen wir Geld scheffeln, sagen Bürger,
bleiben wir gesetzestreu.

Verfeinert die Allgemeinheit zu Individuen,
dann die Egoisten zu Allgemeingültigkeiten!

Ein Hirn denkt, also ist es – denkt es. Mein Hirn
denkt nicht, also ist es nicht – also bin ich.

Fast jeder wähnt, dieselbe Welt sei außerhalb und
innerhalb des Kopfes zugleich, der Kopf aber
auch innerhalb und außerhalb von allem.

Geh aufrecht in dich oder verkriech dich in dir!

Die Untersuchungsmethode ist das moralische
Rückgrat und Gängelband des Forschers.

Wie nah muss der Tod schon sein,
um alles Tun und Vorhaben sinnlos zu machen:
50 Tage oder 50 Jahre?

Fast jeder wähnt, alles sei zugleich innerhalb und
außerhalb des Hirns, d.h. die Welt sei so groß wie
sein Kopf.

Das Stehvermögen entgeht
dem aufrechten Gang wie der Kriecherei.

Eine originelle Art des Schiffbruchs zu sein,
macht ein Leben gelungen.

Manches Alter hat mehr Nichts hinter als vor sich

Wissenschaft und Kunst: Taktlose Eindeutigkeit
und taktische Zwei- und Mehrdeutigkeit.

Höllhörig. Richte Lebenslauf und Gebet
nicht auf Gott, der sein Wort an dich richtet.

Du kettest dich an die Fesseln,
die du mir anlegst.

Der Alte sieht die Jugend durch seine Jugend
und seine Jugend durch sein Alter hindurch.

Mathematik, angewandt auf Natur, ist Physik,
angewandt auf Sprache, ist Logik, und angewandt
auf Ethik ist wertfrei oder wertlos.
Ist Ethik nur angewandte Theologik?

Rechtschreibung ist noch keine Rechtsprechung.

Der leere Raum war reine Energie mit Welt-
schöpfungspotential, doch wer schuf das Nichts,
das allqualifizierte Quanten-Urvakuum?

Bist du gut, um vor der Allmacht
oder vor dem Willen des Ewigen zu bestehen?

Vater Staat schied von Mutter Kirche,
um die Eule der Minerva im Labor zu heiraten.

Nicht jedes behagliche ist beschauliches Leben.

Man tut das Gute, das verboten wird,
mehr als das Böse, das erlaubt ist.

Sagt das Tote die Wahrheit,
wenn das Leben lügt und trügt?

Naturschützer gehören so wenig zur Natur
wie Naturschänder und handeln unnatürlich.

Einbildungskraft : TV für arme Geistreiche.

Es handeln nur Vorbehandelte.

Für und wider Nichtstuer wird zu viel getan,
aufrechter Müßiggang und Gedankengang tut
mehr als aufrichtiger Kriech- und Kirchgang.

Himmelschreiende Ungerechtigkeit
wird recht erfolgreich überschrien.

Man hat eine Passion für Aktionen oder Aktien
und agitiert als Patient seine Passivität.

Um seiner Zeit gerecht zu werden, rechtfertigt
man Unrecht und beugt sein Recht nimmer.

Von all seinem Geld hat man vor allem,
dass kein anderer etwas davon hat.

Die einzige Leistung des Chefs liegt darin, Chef
geworden zu sein, der nichts mehr leisten muss.

Es gibt zu viel Böses. Man will zu viel Bestes.

Du hast auch nicht mal das Niespulver erfunden.

Mach, was du willst, und Triebe treiben dich.

Sei Nonkonformist auf nonkonformistische Art!

Recht ist Selbstkritik der Macht, nie umgekehrt.

Sieh alles wie zum letzten Mal,
d.h. staunend frisch wie zum ersten Mal.

Dass sich nichts wiederholt,
wiederholt sich wenigstens ständig.

Darwin lehrte den survival
of the most clever and most evil.

Gram über nichts ist oft größer als Spaß an allem.

Ist es vom Todestag zum Jüngsten Gerichtstag
länger als von Karfreitag bis Ostern?

Schwächen graue Haare die Grausamkeit?

Atheismus heißt der Glaube,
dass es Glück bringt, nicht an Gott zu glauben.

Stirbt leichter, wer damit wenig verliert
oder viel?

Arme haben die Güte zu haben,
Reichen die Güter zu lassen.

Die Zwangsvorstellung, keine zu haben
und frei zu sein, bringt die Freiheit,
zwischen Sachzwängen zu wählen.

Du triffst nur in das, was du zu schwarz malst!

Auch die Bosheit der Dummköpfe
nennt sich revolutionäre Energie.

Dummheit ist, sie nirgends zu sehen
oder überall.

Klein wirkt, was so tief unter dir ist
wie anderes zu hoch über dir.

Künstler schreiben lieber dilettantische Schiller-
Gedichte als meisterliche Simmel-Romane.

Realität erkannte man an der Form des Romans
über sie.

Gewaltfreie Kommunikation lässt sich
nur mit Gewalt etablieren und sichern.

Charakterlose Charakterdarsteller sind Künstler.

Beschränktheit : unvollständige Unendlichkeit.

Je mehr der Markt sich globalisiert, desto mehr
tribalisiert sich die Nachfrage nach Mitmenschen.

Aphorismen sind Prosasätze,
in denen sich Gegensätze reimen.

Jedes Leben ist ein ganzer Roman
und passt in einen Aphorismus.

Die Zeit flieht ewig vorm Zeitlosen.

Wer sich keine Grube gräbt, fällt auch herein.

Freie Gewerkschaften bestreiken wilde Streiks
lieber als den totalen Arbeitsfrieden.

Mit freier Luft kommt noch kein Licht der Welt
in offene Fenster, mit dem Licht der Vernunft
noch keine frische Luft durch geschlossene.

Schwimmt gegen den Strom
und verfehlt das weite Meer!

Eher sind Meister aus allen Wolken auf den Kopf
gefallen als Untiefen ans Licht gekommen.

Wer sich geistiges Eigentum zu eigen macht,
bricht kein Urheberrecht.

Gewinn kostet Verlustangst.

Vor allem vergisst der Greis, wie vergesslich
er schon als Kind war.

Das Leben hat den Sinn, dass der Sinn kein
Leben hat : Der Sinn des Lebens ist leblos.

Der eine Fuß geht, der andere steht, die eine Hand
fasst, die andere wäscht, das eine Ohr hört, das
zweite schlackert, die eine Niere trinkt, die zweite
pisst, das erste Auge sieht dich, das zweite sich.

Es ist nicht alles Gold, was schweigt, und nicht
alles zu versilbern, was geredet wird.

Zu früh stirbt, wer zu spät tötet.

Denke nach als Greis, dann handle als Kind!

Im Alter noch blutjung ist nur,
wer in der Jugend schon altklug war.

Sind Schicksal und Justitia blinder als wir?

Was Jugend und Leben nicht geben,
können Tod und Alter nicht nehmen.

Der erste Revolutionär der Menschheit entriss
dem Pharao das Unsterblichkeitsprivileg.

Leere Tasche wiegt schwerer als volle.

Sagt der Lügner, er sei einer, ist er keiner.

Mittelmäßig ist im Leben gut,
in Künsten schon schlecht.

Du schreibst, was dich schmerzt;
uns schmerzt, was du schreibst.

Kein Muttersöhnchen zu bleiben, half dem Kna-
ben in Jerusalem sein leiblicher Vater im Geiste,
in Athen ein väterlicher Freund im Bett.

Ein Herr tut alles, um nichts tun zu müssen,
als sich alles zu leisten, um nichts zu leisten.

Mann und Frau verstecken sich voreinander
unter einer Decke.

Das Schicksal spielt nur mit dem Spiel,
das man mit ihm treibt.

Lasst sein, was zu schaffen,
lasst sein, was Gott schuf!

Das Schwerste in der Kunst ist heute,
keine *Jahrhundertwerke* zu schaffen.

Regen vom Himmel löscht kein Höllenfeuer.

Den Verstand, den man über nichts verliert,
hat man schon verloren.

Treue Menschen sucht man rastlos
von einem zum andern.

Kultiviert wirkt, wer seine Kraft zum Verzicht
(oder Aufschub) mehr genießt als den Genuss.

Alter und Tod rauben weniger, was man hatte,
als was man hätte haben können.

Die beste Ware verhöhnt ihre dummen Käufer.

Sokrates? Ist Tugend nur Wissen, dann war sein
bewusstes Unwissen nur unbewusstes Laster.

Nach der Entbindung ist der Mutter leichter
und dem Kinde schwerer.

Irren ist menschlich. Dann ist Wahrheit
mit Nietzsche als unmenschlich zu bekämpfen

Arme greifen nach den Sternen,
Reiche nur nach Weltreichen.

Seine Daseinsberechtigungsnachweise
sind die weisesten Gottesbeweise.

Denker sind so frei, fesselnde Ideen zu haben.

Geisteskrank ist,
wer noch nach niemandem ganz verrückt war.

Wahrheit : Realitätsplagiat.

Geistesblitze donnern uns an, aber blitzen ab.

Fast jede Lebensgeschichte ist die Evolution
vom Menschenkind zum Hominiden.

Es kömmt darauf an, das Klima nicht nachhaltig
zu interpretieren, sondern zu erwärmen.

Wo bleibt bei aller höchsten Kulturförderung
die Hochkulturforderung?

Verschweigen belebt Diskussionen am besten.

Wer einen Vogel hat,
hat auch Vogelschwarmintelligenz.

Jeder Tropfen auf dem heißen Stein der Weisen
trägt bei zum Nebel im Leben.

Leib und Seele sind getrennt, seit unser Geist
nicht jedes Mal zusammen mit dem Körper
getroffen sein will.

Man hat es in der Hand,
sie frei zu haben für die andere.

Der eine sagt gern, was er nicht weiß,
der andere hört gern, was er schon weiß.

Der Mächtige kann sich die Augen aussuchen,
die ihn abschätzen.

Je kürzer die Aphorismen werden,
desto dicker die Aphorismenbände.

Neue Erfahrungen machen alte Leute
nur noch im Krankenhaus.

Manche Langeweile besteht aus
hundert lustigen Miszellen.

Bist du die Ursache, dass auch einmal etwas ohne
Ursache passiert?

Von 8 zu 80 Jahren : nur eine Null mehr!

Warum ist Logik notwendiger als die Welt,
die ja auch immer ganz anders sein könnte?

Gab es je Klassenkampf zwischen den in leib-
lichen und in geistigen Kindern Überlebenden?

Alles geht in seinem Inbegriff so *zu(m) Grunde*
wie jeder im Tode.

Wer das Denken vergisst, war immer dement.

Erst frisst jeder so viel Welt, wie er kann, dann
frisst der Rest der Welt den Vollgefressenen.

Nichts wird so bleiben, wie es jemals sein wird.

Das Leben ist selten sinnlos,
doch sein Sinn meist leblos.

Die Gatten sind tot, es lebe die Gattung
und ewig der Gattungsbegriff!

Einst wollte jeder ein anständiger Normalo,
heute will er ein originelles Schlitzohr sein.

Widerstand gegen Bosheit macht böser,
doch Widerstand gegen Gutes nicht besser.

Sind Massenmörder unsterblicher als Genies?

Feste Grundsätze : Bodensätze von Niederlagen.

Die Zeit zerschlägt dein Werk. Die Trümmer
überdauern alles – als Bausteine für einst.

Selbstessen macht fett. Egoismus hebt sich auf.

Man wird bald jede Vergangenheit weissagen
und hat sich gegen jede Utopie vergangen.

Anything goes, and nothing comes.

Besser ist Vertrauen auf Kontrolle der Lenins.

Ein Dichter dreht ganz normal durch,
wenn er nicht verrückt genug spielen darf.

Aktionär : Produktionsschlachtenbummler.

Sartre : Zur Unfreiheit ist der Mensch begnadigt
oder unwahrhaftig begnadet.

Kein Kapital hat so viele Sozialisten vernichtet
wie der Sozialismus.

Der goldene Mittelweg tut das Richtige,
ohne das Falsche zu lassen.

Jeder arbeitet für sein Gemeinwohl,
die Allgemeinheit kämpft für ihren Egoismus.

Fernsehanstalten unterbrechen Werbeblöcke
zu häufig durch Blockbuster.

Die Allgemeinheit ist stets absonderlich und das
zweifelhafte Individuum gemein(gefährlich).

Ist Freiheit immer nur Befreiung
des anders als Denkenden?

„Harry Potter" ist der „Faust" der Popliteratur.

Menschenrechte wurden rechte Juristenrechte.

Cogito, ergo gloriosum.
In dubio pro meo, pro re et prodeo.

Zuviel moderne Kunst ist beschränkt,
weil sie an zu wenig Schranken hochwächst.

Freiheit erzwingt nun geradlinige Linienuntreue.

„Erkenne dich selbst"
als einen allen außer dir Bekannten.

Maler drücken Gedanken aus – Farbtuben.

Marx hat die Welt nur verändert, indem man ihn
immer nur verschieden interpretierte.

Mir fallen ganze Gedankengebäude ein,
und die Trümmerstücke liegen hier herum.

Bediene dich deiner eigenen Gefühle, doch
lass dich von deinem Verstand beherrschen.

Im Grunde ist nur, was mal im freien Fall war.

Was vermag Vernunft gegen Rationalisierung?

Das Leben ist nicht zu kurz für Langeweile.

Die einen Denker hatten immer nur *das Eine* im
Kopf, die anderen auch mal *das ganz Andere*.

Um zu denken, genügt es nicht, nichts zu tun.
Man guckt nur dumm aus der Gehirnwäsche.

Genug geredet : Von Haar- zu Schädelspaltern.

Liebe deinen Nächsten, liebe deine Feinde:
liebe also deine Brüder!

Du lebst von der Luft, die wir für dich sind.

Der Erstbeste hat Minderwertigkeitskomplexe,
der Zweitklassige schon Größenwahn.

Alles ist doch wenigstens so gut,
dass es uns eines Besseren belehren kann.

Ruhe war immer die beste Medizin.
Häufigste Nebenwirkung : Unruhe.

Haben Wölfe, Schafe, Esel, Kamele, Schweine-
hunde und Rindviecher alle Menschenrechte?

Gewissen : Frühwarnanlage der Unwissenden.

Man bereichert sich an deinem Sozialneid.

Schützen mehr Gehirnwindungen vor Einfalt?

Sucht nach heiler Umwelt scheint unheilbar.

Dass man nie raus kann, will doch mal raus.

Krieg den Lust-, Friede den Luftschlössern!

Man setzt oft seine ganze Hoffnung
auf Verzweiflungstaten.

Dass alles ganz verlogen ist,
das kann dann auch nicht ganz wahr sein.

Das letzte Wort behält nicht mal die Nachwelt
der Nachwelt, sondern der erste Vorfahr.

Selbstbestimmung wehrt sich gegen
Stimmungen, Fortpflanzung und Ableben.

Stumpfsinn ist keine Arche Noah der Reizflut.

Man hofft auf schönere Vergangenheit
und erinnert sich an alle Zukunftsängste.

Lüge behält die Wahrheit und Aufrichtigkeit
ihre Verlogenheit für sich.

Empathie muss sich aus anderen auch wieder
hinausversetzen und rausfühlen können.

Eiserner Wille liegt oder legt gern in Ketten.

Frauen kommen nicht zur Welt,
zu der sie bringen – schrei(b)en sie.

Hochmut lässt sich hochgemut demütigen.

Dass man auf Erden lebt, kommt vom Himmel,
ob man in den Himmel kommt, von Erdenleben.

Ich lüge nie. Außer, wenn ich wahrsage.

Auf manche Gaben kannst du Gift nehmen.

Deine Selbsterkenntnis ist einfach das Gegenteil
von dem, was andere von dir kennen.

Ein moderner Christ ist lieber ein komischer
Heiliger als ein humorloser Sünder.

Parlamentssaal: Restaurant für Machthungrige.
Bibliotheken: Kneipen für Wissensdurstige und
Imbissbuden für Bildungshungrige.

Wer ist lieber ein Schwachkopf als kopflos?

Ich bin so helle, dass ich alles schwarzweiß.

Wittgenstein? Die Welt ist alles, was lieber
ein freier als ein hoffnungsloser Fall ist.

Die Zukunft wurde inzwischen so verändert,
dass sie nichts mehr verändern kann.

Ein Aphoristiker weiß ja auch nicht,
wo es lang geht, aber wie es kürzer geht.

Ich billige nur, was mir teuer ist,
und was mir nicht liegt, lass ich liegen.

Liebe d(ein)en Affen wie dich selbst!

Lieber *Single* als unverheirateter Hagestolz!

Mancher will dich im Ernst totlachen.

Die Zehn Verbote werden Gebote genannt,
damit einem auch etwas geboten wird.

Sartre? Dass du dein Leben immer neu erfindest,
hast du auch selbst erfunden.

Was die Hochachtung betraf,
war sie im Brief immer vorzüglich.

Gewohnheit macht Schlimmes erträglicher
und Schönes unerträglicher.

Künstler müssen künstlich wirken, um natürlicher
zu sein als übrige Kunststoffmenschen.

Du schießt nicht den Vogel ab, den du hast.

Du bist nie mit dir allein. Immer gegen dich.

Modernste Essstörung :
Ernährungsbewusstsein.

Wo es bergab geht,
muss kein Gipfel erklommen sein.

Ein 80jähriger Rimbaud ist so absurd
wie ein 18jährig verstorbener Goethe.

Großes liegt darin, mit Kleinem leben, Kleines
darin, mit Großem *nicht* leben zu können.

Kunst : Kann eine Darstellung des Unannehm-
baren selber annehmbar angenehm sein?
Kann ein Bild von dem, was zum Weinen ist,
selber guten Gewissens zum Lachen sein?

Mehr Macht ist mehr Vorrecht auf Unrechttun.

Recht ist eher das kleinere Übel
als das größere Gemeinwohl.

Ist es schon Kunst, gut von ihr zu leben?

Fertig machen uns nur unsere Fertigkeiten.

Hinter dem Gesetz sind manche wieder gleicher als vor dem Gericht.

In Demokratien brauchen Starke nur Clans für ihren Egoismus, Schwache aber Massendemos gegen ihre Individualität.

Alter leidet daran, nicht die Jugendleiden, Jugend freut sich, nicht die Altersfreuden zu fühlen.

Dass Platon, Spinoza und Kant nur Spinner seien, denkt der Spießer. Nietzsche bestätigte ihn nur.

Steckenpferd : hochtrabende Eselei.

Ist Demokratie die Diktatur von Herkunft, Geld und Naturtalent?

Dürften alle so viel kaufen wie du, könnte niemand mehr etwas kaufen.

Verbindlich darf nun nur noch sein, dass alles unverbindlich sein muss.

Wer an Wissen zunimmt, nimmt an Willen ab.

Was haben Dinge gemeinsam, die zur selben
Welt gehören, und was hat die Welt an sich,
um in unendlich vieles zerfallen zu können?

Der Kranke liest, weil er nicht leben kann.
Der Gesunde lebt, um nicht lesen zu müssen.

Jugend schaut voran, nur nicht aufs Alter;
Alter schaut zurück, nur nicht auf Neues.

In Demokratien soll Wut auf Mehrheiten warten

Übers Verschweigen lässt sich am meisten sagen.

Ganz verstehst du erst das,
worauf du dich nicht mehr verstehst.

Ich müsste verrückt sein, nicht zu sehen,
dass ich es bin.

Toleriert wird nicht mehr, dass eine *absolute
Wahrheit* toleriert werden will und kann.

Morgens jagen, mittags angeln und abends
kritisieren : Wer macht dafür Revolutionen?

Sicherheit trifft man noch in Treffsicherheit.

„Du sollst dir kein Bild machen!" Zwischen dir
und der Welt steht dein Weltbild.

Du bist nie so stark durch deine Schwächen,
wie du im Nachteil bist durch deine Vorzüge.

Wahr und Falsch, Gut und Böse, Sein und Nichts
gelten noch als Nuancen voneinander.

Des Pudels Kernsatz. Auch der moderne Mensch
geht in sich – bis in seine Atomkerne.

Der eine steht auf verlorenem, der andere liegt
auf gewonnenem Posten.

Das Unglück will es, dass es fürs eigene Glück
nur noch Goldschmiede gibt.

Nietzsche philosophierte bis zuletzt
mit Gummihammer und Satzfeile.

Warum *nicht*? Aber weshalb doch?

Nur in Architekten wohnen ganze Gebäude.

Schlag mein Buch auf – deinen Kopf!

Kann man sich in Empathieunfähige einfühlen?

Man veröffentlicht, wie verschwiegen man ist.

Licht ist der Leichtfuß unter den Stoffen, doch
Materie kein Schwergewicht unter Geistern.

Descartes 2000. Ich habe genug Zweifel,
dass ich genug zweifle, also bin ich – nie sicher.

Blinde haben blendende Erleuchtungen.

Nichts kann Liebende trennen. Ein Nichts.

Jeder Handgriff vergreift sich an einem Begriff.

Reich mir nur die Hand, die meine waschen kann!

Er ist still verschieden. Er war zu verschieden.

Der Kopflose hat ihn nur eingezogen,
aus Angst, geköpft zu werden.

Erleuchtung verdunkelt das Licht der Vernunft.

Der Beschränkte sieht überall Unermessliches,
der grenzenlos Offene nur Schranken.

Ersetzt wird Veraltetes,
ersetzt wurde Verbrauchtes.

Der Leser wird von der Welt getrennt
durch Romane und vom Roman durch Kritiker.

Ich liebte zeitlebens mein Jungsein so,
als wäre ich schon ein Greis.

Leib und Seele sind eins, heißt es nun.
Das stimmt, denn Geist haben beide nicht.

Transparenz ist in neun von zehn Fällen
undurchschaute Undurchsichtigkeit.

Gehören Museen auch ins Museum?

Die Ewigkeit kommt immer zur Unzeit.

Fallt nicht in den Elfenbeinschacht von Babel!

Philosophie war einmal eine Relativitätstheorie
der verabsolutierten Praxis.

Alle sitzen im selben Boot. Viele rudern,
einige sind am Ruder.

Nietzsche bekämpfte das Christen-Rom
nur durchs Cäsaren-Rom.

Reiche werden von Gentechnik profitieren,
um ihre Monokultur zu klonen.

Eine Zensur findet nicht statt, aber das beste
Buch bleibt heute ein unbeschriebenes Blatt.

Grazie ist das Vermögen, seine Schwächen
hinter dem Abschwächen seiner Vorzüge
vergessen zu machen.

Der größte Vorzug von verknöcherten Greisen
liegt darin, das man selbst nie einer ist.

Wissenschaft irrt oft so gekonnt,
dass sogar Wahrheit an ihr irre werden kann.

Die Welt wird ständig verbessert, ohne zu
wissen, was gut ist. Wer darüber nachdenkt,
was schlecht ist, wird nie etwas verschlimmern.

Hast du dich von deinen Eltern erlösen müssen,
um dich von deinen Kindern lösen zu können?

Selbstbeherrschung wird erträglich,
weil sie auch Selbstbedienung ist.

Die Tragödie der Geschichte ist die Komödie
der Gedanken – und umgekehrt.

Phantasie lernt aus den Fehlern,
die man machen könnte.

Ewiges Nichtstun hätte alles Schlimme
verhindert, außer dem Verhungern.

Es ist nicht alles abgewetzt, was glänzt.

Wer fällt, verrät damit, wie er hochkam.

Potenz : moderne Form der Liebesunfähigkeit.

Existenzialismus : Die meisten können nichts
erfinden als nur sich selbst.

Wahre Aussagen sind Klarsichtpackungen.
Sieht man ohne sie die Inhalte noch besser?

Weitstirnigkeit kann zu Kopfzerbrechen führen.

Werdet wie die Kinder, die nicht werden wollen
wie ihr!

Ein Nichts, in dem solche Welten stecken, muss
sich erstmal jemand in sieben Tagen ausdenken.

Kinderkrankheiten wurden Therapien des Alters

Ist Friedensordnung wichtiger als Gerechtigkeit?

Der größte Wert meines Eigentums liegt darin,
es nie zu nutzen, es dich nie nutzen zu lassen.

Unding : Nothing is the thing without anything.

Das Individuum wäre vielleicht unsterblich,
wenn Gattung und Gesellschaft ausstürben.

In *da Vinci* siegte Athen über christliches Rom,
aber Euklids Mathematik über Platons Zahlen.

Es gibt nur noch Apokalypse oder Langeweile.

Wer „nichts" sagt, sagt nicht gar nichts.

Gern gibt man seine gelernten Reflexe
für gelehrte Reflexionen aus.

Man überlässt sich den Aktivitäten heute passiv.

Zwischen Reiz und Reaktion reflektiert keiner,
zwischen Reflexion und Aktion reizt kein Reflex.

Oft will *sie ihn* durch ihren Körper verführen,
ihre Seele oder ihren Geist zu preisen.

Endlose Einschränkungen der Unendlichkeit
ergeben noch kein begrenztes Ding.

Individuen haben die Klasse,
der sie nicht angehören.

Anerkennung erkennt man stets,
Erkenntnis aber selten an.

Ob vor Schmerz, ob vor Lust, man stöhnt ewig.

Zeitweise vergeht keine Zeit, doch mit ihr
vergeht jeder und sie sich an jedem.

Man steht im Warenhaus, sitzt im Zuchthaus,
liegt im Freudenhaus und steckt im Irrenhaus.

Es gibt so viele kopierbare Genies
wie unnachahmliche Imitatoren.

Der Mann wurde Hahn im Korb,
den Frauen ihm geben.

Zusammenrotten von Individuen rottet sie aus.

Lebensfreude und Mordsspaß am Leben
beenden einander.

Sei gefesselt von der Freiheit, die du mir lässt!

Unsterbliche überleben eher sich als einander.

Nach Jesu Tod galt Gottvater vielen
als verkrachte Nichtexistenz.

Im Wesentlichen offenbart jedes Wesen nur
Unwesentliches vom Unwesen, das es treibt.

Wer immer in sich geht, kommt weiter,
als wer nie aus sich herauskommt und –geht.

Was von Vorteil ist, ist nicht stets zum Vorteil.

Wer verpasst, was zu ihm passt,
kriegt verpasst, was ihm nicht passt.

Alles an mir wird bejubelt, von Feinden meine
Schwächen, von Freunden meine Stärken.

Ein bewegtes ist noch kein bewegendes Leben.

Nichts ist schon ideal und ein Ideal noch nichts.

Onanie ist befriedigender als Selbstbefleckung.

Was man gemeinschaftlich erlebt,
ist meist nur die Gemeinschaft selbst.

Theokrit, Vergil. Arkadien liegt nicht in Hellas,
sondern im Dichten und Denken selbst.

Jede Idylle ist der bösen Welt solange böse,
bis sie dahin ist.

Theologie verhält sich zu Gott
nicht wie Atomphysik zur Atombombe.

Und die Wahrheit von Wahrheitsbeweisen?

Das Ziel der kleinsten Taten sind nicht Werke,
Werte und Tatsachen, sondern größere Untaten.

Alte sind bilanzierend, kurzatmig, verschrumpft,
leichtfertig, kinderverspielt, rechthaberisch,
starrsinnig, isoliert, bitter, erfahrungsgewitzt,
sarkastisch, kaustisch, narrenfrei, unbeliebt,
mikrologisch, randständig – wie Aphorismen.

Gute Menschen klagen, der Mensch sei nur so schlecht wie die Welt. Schlechte Menschen sagen, die Welt sei so schlecht wie der Mensch.

Man muss erst krank werden, um kein krankmachendes Leben mehr führen zu können.

Verantwortungsvolle Antworten stellen Fragen in Frage.

Dein Realismus ist ideal für die Realität.

Wer an einem Satz länger sitzt als andere an einem Aufsatz, muss kein Aphoristiker sein.

Am Armen wird Geistreiches gerügt, geistige Armut am Reichen gerühmt.

Auch Blinde haben Einsichten und Absichten.

Altersweise ist, wer nichts mehr im Gedächtnis hat als ureigene Gedanken.

Ungedroschenes ist Angriff auf Abgegriffenes.

Ich denke, also lenke ich nicht.

Schneller als seine Opfer vergisst man
seine Helfer.

Sartre now. Heureka: Ich hab mich neu erfunden!

Sex ist nicht mehr schmutzig:
Man muss sich nachher nicht mehr waschen.

Die freie Muse ist der Diktator des Dichters.

Überm Frauenhaus steht : *Nein, meine Herren!*
Überm Freudenhaus : *Hi-nein, meine Herren!*

Frauen hassen Falten,
selbst die Einfalt, Vielfalt und Dreifaltigkeit.

Ebenso oft schwindelt das Kind wie dem Greis.

Der Hahn löscht seinen Durst am Wasserhuhn,
werden ihm schöne Hühneraugen gemacht.

Ein Genie schafft nur neue dumme Stümper.

Ein runzliger Säugling ist ein runzliger Greis
mit rosiger Zukunft.

Alles ist ziemlich klein – von nahem, weil man
genauer erkennt, und von ferne sowieso.

Keiner versteht dich. Tötest du zu wenig?
Wer unaufhörlich morden könnte, lebte ewig.

Gott schaut aufs Äußere, er liebt die Hässlichen.
Sie sind ihm teuer weil treuer.

Lernen ist die Klugheit der Dummen,
Wissen ist die Dummheit der Klugen.

Wer selbst mordet, ist noch kein Selbstmörder,
und wer dich selbst erkennt, hat deshalb noch
keine Selbsterkenntnis.

Teufel sind zu allem und zu allen gut.

Die Hölle hat keine totalitäre Monokultur. Jeder
wird hier nach seiner Façon unselig und böse.

Tu auch Böses nur, wenn es dir nicht gut tut!

Lebensmittel werden erzeugt in der Arbeitszeit,
menschliche Lebewesen gezeugt in der Freizeit.

Auf jedes verkannte Genie kommen
nun zehn unbekannte Ingenieure.

Wo Verbotstafeln verboten sind, ist Erlaubtes und
Freigegebenes strafbewehrte Pflichtübung.

Die kostbarsten Kunstwerke werden schon
wie kostenfreie Schonkost verabreicht.

Wahrheit heißt: Die Stimmung stimmt bestimmt
mit dem überein, was stimmt, aber verstimmt.

Aufklärung verteidigt nackte Fakten gegen bloße
Ideen und doch ein Ideal gegen böse Fakten.

Auch schrankenlose Güte macht beschränkt,
und Dummheit beschränkt sich nie auf Wissen.

Entweder kommt man nicht ins Gespräch
oder nicht ins Gerede oder nie ins Geschäft.

Tut nur Unerwartetes und erwartet nur Untaten!

Gesundheitsbewusstsein wurde zu einer noch
nicht anerkannten Geisteskrankheit.

Sind Kulturwissenschaftler kultiviert, Human-
wissenschaftler allzu menschlich, die Geistes-
wissenschaftler geistreich, Soziologen gesellig,
Physiker Naturburschen, Biologen ernsthaft
lebenslustig, haben Futurologen eine Zukunft?

Astronomie ist ein ertragreicher Vertrag von Hir-
nen und Sternen, wo Gott das All beisteuert.

Wenn ihr nicht werdet wie die Kinder,
werdet ihr nie steinalt.

Wer erschuf das Nichts, in dem alles,
und das All, in dem nichts drinsteckt?

Gott erschuf jeden Menschen,
der seinen Abgott erschuf.

Ein überflüssiger Autor ist ein Täter weniger.

Niedere Triebe und Hochkultur verhalten sich
nicht wie Dialekt und Dialektik.

Nur Roboter erfinden und benutzen Roboter.

Absichten sehen von der Welt so wenig
wie Ansichten und Aussehen.

Ein schwerer Philosoph ist eine Gänsefeder,
die einen Berg von Problemen aufwiege(l)n will.

Ich verstehe von mir so viel
wie ein Stein von Geologie.

Man vergisst nur, um erinnert zu werden,
und gedenkt nur, um vergessen zu werden.
.

Neugierig ist man nicht auf ihre reichen Kreatio-
nen, sondern auf die arme Kreatur dahinter.

Geschwätzig ist das Alter, nur nicht in Bonmots.

Wurzeln schlagen keine Flügel
und Flügel keine Wurzeln.

Aphorismen sind der Versuch, in Demokratien
geistreich zu sein, also auch ohne Zensur.

Gut sein heißt, auf den lieben Nächsten
zu zielen und nicht zu treffen.

Die Seele ist für den Leib oft zu geistreich
und für den Geist zu leibhaftig einverleibend.

Deine Neigungen schaden dir,
tust du deine Pflicht profitabel.

Keiner versteht (und keinen verstehen)
Arm und Reich zugleich.

Gibt es Freiheit, freiwillig auf sie zu verzichten,
und fesselt es zu sehr, sich von Fesseln zu lösen?

Mancher Kopf hindert mehr am Denken
als am Köpfen.

Demut ist oft zu stolz, um stolz zu sein.

Ist der Mensch das Maß aller Dinge,
kennt er bald keins mehr.

Du liebst deine Neider und hasst,
wen du beneidest.

Verfolgungswahn macht Pioniere.

Mach es besser oder mich schlecht!

Träume deuten – auf Erwachen.

Das Wort für Ruhe stört sie schon.

Verkleidet als Laster wird jede Tugend attraktiv.

Allein Gebildete sind bildungshungrig.

Hilfsbedürftige helfen mehr.

Wer resigniert, der toleriert.

Wer zahlt, der zählt; wer zählt, der zahlt nicht.

Alles blüht dem, der nicht mehr in Blüte steht.

Sie reden viel: Greise, weil sie nichts mehr, und
Kinder, weil sie noch nichts zu sagen haben.

Architektur, die Ruinen ruiniert, wirkt modern.

Sadisten sagen immer die Wahrheit.

Oft verzeiht man, um straflos auszugehen.

Jeder will geliebt sein, denn Liebe macht blind.

Auf Knien kommt man höher als auf Stelzen.

Im Wahn lebt, wer wie alle denkt
oder wie keiner.

Zum Faulpelz tut man zu viel,
zum Glückspilz zu wenig.

Moderne : technische Produktion
von künstlichen Müttern.

Auch Kalbsbraten verhüten
größere Rindviecher.

Utopiefreie Himmel sind selbst utopisch.

Jeder lebt von Toten und stirbt an Lebenden.

Es gibt noch Neues über der Sonne – und über sie

Bestseller : Gemeinplatz an der Sonne.

Nette Tyrannen sind anziehender
als grobe Freunde.

Nur über deine Leiche
kommst du in den Himmel.

Die Phantasie träumt nicht im Schlaf.

Sturmvögel lachen über Gipfelstürmer.

Fernseher stehen zwischen mir und der Fernsicht.

Wer vorlieb nehmen muss, hasst.

Für kleine Herren gibt es keine großen Diener.

Was einen Wert hat, wird preisgegeben.

Herren tut´s leid, Knechten tut´s weh.

Lebensqualität lebt von fremder Lebensqual.

Rufe, und du wirst kommen!

Wer das Töten liebt, der hasst die Toten.

Mehr Kluge als Dumme kämpfen gegen Klugheit.

Auch Verbrecher wollen keinen Polizeistaat.

Am schwersten ist denken, wenn man es kann.

Der beste Kabarettist ist die Selbsterkenntnis.

Bist du lesbar, verstehen dich Bücher.

Ein Kind redet offen, ein Großer öffentlich.

Erleuchtet wirst du nur von dem Blitz,
der dich treffen soll.

Wer das Leben genießt, wirft es weg.

Sogar dein Glück kann eine List der Macht sein.

Klügere Leute wirken immer behinderter.

Die Ruderbank sitzt nie am Ruder.

Wer fällt, gefällt.

Ein Engel vermehrt die Welt um zehn Teufel.

Zerfall : die natürlichste Form der Analyse.

Unangepasste passen sich auch denen nicht an.

Es gibt heute mehr Bilderstürmer
als Maschinenstürmer.

Selbstlos liebst du den, der nur sich selbst liebt.

Einige Grenzen führen nach beiden Seiten
ins Exil.

Forscher bringen Verborgenes gern an ihr Licht.

Ein Greis besiegt Todesangst durch Demenz.

Wachsen dir Flügel, bist du im freien Fall.

Recht ist oft, was keinem recht ist.

Alle Menschen sind gleich, außer den großen.

Cogito, ergo Cartesius sum.

Wo Freiheit herrscht, herrscht sie auch über uns.

Man übt lieber Selbstkritik als Selbsterkenntnis.

In seiner Wohnung ist mancher
weniger als im Weltall.

Erkenne dich mit den Augen dessen,
was du erkannt hast.

Wer keinen Kosmos kapiert, kreiert Kulturen.

Lässt sich über das Neue noch Neues sagen?

Himmel oder Hölle : weiter geht´s nicht.

Wer heute noch originell sein will,
folgt modischen Originalitätsmustern.

Aus Eintöpfen lässt sich nicht viel
buntes Gemüse gewinnen.

Wer getröstet hat, der ist getröstet.

Ohne Sexualobjekte gibt es so wenig Liebe
wie ohne Sexualtabus.

Man kann gut auskommen entweder mit Geld
oder mit Menschen.

Du bist tief ergriffen.
Wurde ein Täter ergriffen?

Antworten suchen oft zu gelösten Fragen
die passenden Probleme.

Bringt Ausbeuten mehr Kraft,
als das Unterdrücken kostet?

In der Tradition steckt die Gewalt,
mit ihr zu brechen.

Christentum. Gott kann alles,
aber als Mensch alles besser?

Wer nie in sich geht,
geht selten seinen eignen Weg.

Absolutistisch wird auch Macht,
die alles relativiert.

Originell sein heißt Vergessenes plagiieren.

Dünger und Rosen
sind einander nicht anzuriechen.

Die Gedanken sind frei,
und am freiesten in der Zwangsjacke.

Bei Berührung mit Träumen
zerplatzen wirkliche Seifenblasen.

Man kann originell kopieren,
aber nur epigonal erfinden.

Wer mit dem Löwen allein ist, predigt ihm Moral.

Was aus einer Theorie nicht folgt, verfolgt sie.

Wer die Wahrheit weiß, will keine Demokratie.

Mach's gut, Lieber, aber nicht besser als ich!

Fortschritt ist der Aufstieg vom Hungerödem
zur Magersucht.

Was du dir nicht erklären kannst, erklärt dich.

Vernunft gilt als intelligenteste Form der Angst.

Man wünscht uns mehr Glück
als verdienten Erfolg.

Idyllen finden ihr Glück
im eigenen (Blick-)Winkel.

Gute Erinnerungen hat allein
ein schlechtes Gedächtnis.

Angsthasen wissen, dass sie gefürchtet sind.

Man stirbt sich aus seiner Unwissenheit heraus.

Nach Betriebsschluss herrscht Betriebsamkeit.

Das Land vereint, alle Ehen geschieden.

Wir bankrotten uns zur Gemeinschaft zusammen.

Er ist Deutscher − für einen Dichter denkt er,
für einen Denker dichtet er ganz passabel.

Gemeinschaft wirkt durchschnittlich,
Individualität neoliberal, Kosmopolitismus
globalisiert, pluralistische Freiheit verteilungs-
ungerecht, Gleichheit überreguliert,
und maßvolle Mitte mittelmäßig.

Als Lehrer wäre ich so ungeeignet, wie viele
wirkliche Lehrer mir vorkommen, doch als
Aphoristiker so gut, wie viele sich dünken.

Krieg kämpft um Frieden mit Friedhöfen, Friede
arbeitet am Krieg mit Produktionsschlachten.

Wir sind keine Atheisten, wir nennen Gott
heute nur anders.

Der Geistesblitz schlägt ins Gedankengebäude
und zertrümmert es zu vielen Aphorismen.

Freund Hein rezensiert das Buch des Lebens.

Unabhängigkeit heißt, dass alle Stricke reißen.

Narziss stiehlt dem Buddhisten die Nabelschau.

Selbst Erfahrung hofft auf Hoffnungen,
und Hoffnung lässt alle Erfahrung fahren.

Stand und Wohlstand kommen weiter als der auf-
rechte Gang, den der Fortschritt nicht braucht.

In Gesellschaft bist du dir selbst der Fernste,
im stillen Kämmerlein dir jeder der Nächste.

Dem Kleinmütigen gehört die geistige Welt,
und der Mutige raubt sie ihm nicht.

Sorgst du für mein Leben vor dem Tod,
sorgt Gott für dein Leben nach dem Tod.

Man fällt lieber von einem Mittelmaß ins andere.

Alle Schicksals-, Wind- und Hamsterräder
stehen still, wenn kein starker Arm es will.

Revolutionäre Wende um   90 ° : Ausweichler.
Revolutionäre Wende um 180 ° : Entweichler.

Selbstkritik : Moderne Form der Selbstgefälligkeit.

Untertanen, macht uns die Erde untertan!

Lächerlichkeit tötet. Leichen lachen lustig weiter.

Als die zu gierigen Marsmenschen ausstarben,
hinterließen sie uns diesen toten roten Planeten.

Selbsterkenntnis heißt von sich befremdet sein.

Philosophen streiten sich, ob sie sich überhaupt
einigen können, dürfen, müssen oder wollen.

Händeschütteln ist eine wirksame Handlung,
Kopfschütteln kein wirkliches Denken.

Ich bin praktisch besser als mein Opfer
und moralisch besser als mein Schinder.

Ich denke mir nix dabei, *also bin ich* dabei.

Hat ein Menschenfreund überhaupt Freunde?

Materielle Sicherheit ist fast so viel wert
wie ein geistiges Armutszeugnis.

Ein Aphorismus definiert, was der Definition
entgeht oder widerspricht.

Menschenunkenntnis ist noch keine
Unmenschenkenntnis.

Logik ist die Moral des Wissens
und Moral die Logik des Willens.

„Was kost´ die Welt?" fragst du.
„Was kostest du?", antwortet sie.

Qualitätssiegel brauchen selbst welche.

Wirf den ersten Stein, der dir vom Herzen fällt!

Hat der Tod ein Sargbrett vorm Schädel?

Der Horizont hinterm Horizont hieß mal Himmel

Machthungrige verschlingen Bildungshungrige,
Liebeshungrige und Wissensdurstige wie nichts.

Wer die Welt (ursächlich) sachlich sehen will,
darf sie weder männlich noch weiblich deuten.

Ziele, die du nicht erreichst, schießt du ab.

Hat das Kollektiv nur Mängel,
wenn kollektiver Mangel herrscht?

Der Klügere gibt Aphoristikern nach.

Den Tod fürchten stets die am meisten,
die zeitlebens vorm Leben flüchten.

Einst wurden größte Taten mit einfachsten
Mitteln vollbracht, nun mit raffiniertesten
Werkzeugen einfältigste Werke.

Philosophie : Das Dunkel erleuchtet den Dünkel.

Freiheit ist Möglichkeit des Bettlers, Krösus zu
werden, wie des Analphabeten, Einstein zu sein.

Meine Leiche wiegt so viel
wie alle bisherigen zusammen.

Das Beste an meinen lieben Nächsten
ist mein Wunsch, allein zu sein.

Handschuhe verhüten oder verstecken
schmutzige Hände.

Die Welt hat einen Sinn – nur in einer anderen.

Erkenntnis ist die ihrer Grenzen
und Irrtum der über seine Grenzenlosigkeit.

Wissenschaft : Fragen beantworten Antworten so,
wie Antworten nach Fragen fragen.

Man kann fanatisch tolerant und skeptisch sein.

Ein Künstler braucht das Werk,
das ihn missbraucht und verbraucht.

Inkonsequenz : die Tatkraft der reinen Logiker.

Unsere Nächsten sind hinter unseren Spiegeln.

Manche Nussknacker sind die härtesten Nüsse.

Geist ist das Vermögen, ohne Vermögen etwas zu
können, was andere mit Vermögen nicht können.

Herzensbildung zählt heute zum Bodybuilding.

Gegen Bewegungsmangel hilft, vor jedem Gerede
darüber immer schleunigst wegzulaufen.

Der beste Platz an der Sonne ist die Wüste,
wusste schon die Bibel.

Ruhe und Ordnung sind Aufruhr gegen Aufruhr.

Ein Höhepunkt ist oft der springende Tiefpunkt.

Kreuzen sich Christen mit dem Gekreuzigten?

Ein Doppelleben ist auch nicht länger.

Das Wort zum Werktag spricht der arme Teufel.

Alkoholiker lassen Traubensaft (länger) stehen.

Liegt bei Intellektuellen der Standpunkt
im Sitzfleisch?

Wilde verwilderten zu kolonisierten Siedlern.

„Alles hat seine Zeit", also keine, sagt Salomo.

Geschenkt kriegt nur alles, wer alles schon hat.

Das Sitzfleisch kommt weiter als der Fuß.

Viele werden nun Rentner (bis 80).
Reiche waren immer Rentner. Beamte,
der demokratische Adel, werden Pensionäre
(bis 100). Der Rest stirbt beim Schuften für sie.

Man kann sich nun mit Rentenanspruch vorher
zu Tode schuften oder mit Schrumpfrente später
zu Tode langweilen. Rent a life or yourself !

"Die Rente ist sicher" − bald zu klein für die
meisten. Damit sie sich rentiert, muss man sie
inzwischen hundert Jahre lang beziehen.

Als die Unterschicht aufsteigen konnte,
gab es nichts Sinnvolles mehr wohin.

Man macht Pläne, ohne die jene Zufälle nicht
auftauchen, die dann Geschichte machen.

Wer morgen losfliegt, ist eher da,
als wer gestern loslief.

Alltagskram von früher ist Luxus von heute,
Tand von morgen der Luxus von gestern.

Candide bestellt seinen Garten − beim Händler.

Früher Vogel fängt nicht den zu späten Wurm.

Erst bist du ein kleiner Teil deiner Mutter, dann
wird diese Mutter ein kleiner Teil deiner Welt.

Windräder treiben bald Autoräder an.

Mir vergibst du deine Untaten,
nicht meine Wohltaten.

Wer alles anfasst, begreift nichts,
und wer alles erfasst, fasst nichts mehr an.

Müssen wir Bakterien oder Ameisen sein,
um großen Dingen zu begegnen?

Eine Mehrheit ist für Minderheitenschutz, doch
nur eine Minderheit fürs Mehrheitswahlrecht.

Norbert Elias. Keiner reglementierter als der
Wilde, keiner enthemmter als der Zivilisierte.

Es steht nichts zwischen uns.
Es ist nichts zwischen uns.

Wieviel Wohlstand für jeden
wäre der Super-GAU für alle?

Ist es herrlich oder dämlich, dass Damen nun
herrlich und Herren nur dämlich sein sollen?

Der Krieg ist der Vater aller Dinge, also auch des
Geldes. Kriegskredite finanzieren ihn vor, der mit
größerer Kriegsbeute begleicht.

Niederste Lohn- und Dienstleistungssklaven
wurden wieder höchste Luxusartikel.

Es gibt so viele frühvergreiste Kids wie jung-
geschminkte Alte. Sind es am Ende dieselben?

Hagerste Gelehrte zeigen die Adipositas
des Bildungshungers.

Produzenten konsumieren Konsumenten,
Konsumenten produzieren Verpackungsmüll.

Psychologen stoßen bis zum Äußersten ins In-
nerste vor und finden dort nur Äußerlichkeiten.

Ist für Christen Gott auch nur ein Mensch?

Angst und Nutz schufen eher Glaube als Götter.

Entweder dein Fernseher läuft oder du.

Theoretiker gelten als Handlanger der Praktiker,
diese für jene als handfeste Ideologen.

Antiquierte Ansichten steigen stetig im Wert.

Entweder schlägst du mich im Zorn
oder im Sport oder in beidem zugleich.

Meine Selbstliebe hasst deine.

Dass Praxis wichtiger sei als bloße Theorie,
ist eine bloße Theorie.

Manche Frau entpuppt sich als bloßes Püppchen

Freiheit wächst mit der Leinenlänge. Es gibt so
viele Vernünfte und Verstände wie Menschen.

Man wächst mit seinem Großhirn
und schrumpft mit seinen Großtaten.

Machen wir uns mal Gedanken,
ist dabei an Sorgen zu denken.

Man vertut seine Lebenszeit
mit Tätigkeiten, Untaten und Getue.

Kinder spielen Erwachsene, Erwachsene spielen
Jugendliche, und Schauspieler spielen Mimen.

Verhilft Demokratie nur kleinen Wichten
zur Mehrheit über große Bösewichte?

Kinder sind die Spielzeuge der Eltern,
Großeltern die Werkzeuge der Kindeskinder.

Du sollst nicht töten,
sondern dich von Todfeinden töten lassen!?

Nicht alles, was gegen Widersprüche spricht,
ist schon logisch, doch was für Widersprüche
spricht, noch psychologisch.

Alle Menschen sind gleich
schlecht, aber auch im Bösesein.

Tiere wählen gegen Zoologen oft Pseudonyme.

Auf Freuds Couch liegen oft zugleich
mehr als zwei Seelen in einer Brust.

Auch Gewissenhafte lassen sich gehen. In sich.

Die Gedanken gehen dem Kopf meist eher aus
als die Haare.

Mancher Kopf ist aus demselben Holz
geschnitzt wie das Brett davor.

Pessimisten sind erst enttäuscht,
wenn man sie nicht enttäuscht.

Autos und Flieger entfernen sich rasend rasch
von allem Erlebenswerten und Sehenswürdigen.

Seit Kopernikus geht die Sonne nicht mehr
täglich auf, aber die Erde täglich drauf.

Wer stets zur Sache kommt, kommt nie zu sich,
doch wo käme man hin, ginge man nur in sich?

Wem du die Stirn auch bietest: Keiner kauft sie.

Reiche Nichtsnutze nützen mehr als geistreiche
Habenichtse, Nichtstun tut mehr als Nichtssein.

Auch wer ein Habenichts ist, hat doch sein Sein

Wer dich begnadigt, verurteilt deine Opfer.

Tierschutz: Ungequälte Tiere schmecken besser.

Geistesblitzen folgt nie Donnergrollen der Leser.

Die Aufklärung über alte Mythen war
vor allem ein Sieg von neuen Mythen.

Bittsteller und reichlich Magenbitter
sind des Reichen bitterstes Los.

Alkohol konserviert auch die Sorgen.

Der Mann heiratet nur noch die Frau in ihm,
die Frau nur noch den Mann in ihr.

Das früheste Geld war Kriegskredit,
mit größerer Kriegsbeute beglichen.

Wer den Fortschritt nicht hinter sich lässt,
ist zurückgeblieben.

Konnte Lenin nur siegen, weil er als Messias
auftrat, oder könnte der Messias nur siegen,
wenn er als ein Stalin aufträte?

Fällt das Himmelreich den Opfern
von Weltreichgründern zufällig zu?

Selbstlosigkeit : ein Placebo für Nächstenliebe.

Wohltäter: Untätige, die ertappt werden wollen.

Wer stets in der Verfassung ist, Verfasser einer
neuen Verfassung zu sein, ist kein Politiker.

Um ganz Vernunft anzunehmen, muss man
schon halb Herz, halb Verstand verlieren.

Der beste Umweltschützer ist der Konsummuffel,
also Antikapitalist plus Antisozialist.

Jugendtorheit, Herzensbildung, Altersweisheit:
das einzige Wissen ohne Universitätsgrad.

Die *verwaltete Welt* : anarchistische Pedanterie.

Räuber, die arm bleiben, heißen Verbrecher.

Analphabeten sind Herzensgebildete,
die Bestseller lesen.

Der Eine Gott gibt überall den Ton an,
nicht die Eintönigkeit.

Analphabeten und Diktatoren kennen die Pest,
die durch Leseratten übertragen wird.

Ist das *Buch der Natur* ein Physiklehrbuch,
das *Buch des Lebens* ein Biologiehandbuch?

Ich bin gern der einzige Massenmensch
unter lauter Individualisten.

Der Arbeitsfriede besteht aus Produktionsschlachten, ein Kriegsschauplatz aus Friedhöfen

Weisheit ist der Witz, Wissen als Aberglaube
schmackhaft zu machen.

Experiment : Versuch mit akademischem Grad.

Es gibt auch im Westen noch Großfamilien:
Eheleute mit vielen Geliebten.

Ehen realisierten immer ideale platonische Liebe.

Ich will nicht so tief denken können wie Platon.
Ich habe höhere Ambitionen.

Älteste Leute hören stets Neuigkeiten,
jüngste immer nur Uraltes.

Sozialphysik : Die da oben kennen keine,
die hier unten nur Schwerkraft.

Wissenschaft : Je mehr die Menschheit weiß,
desto weniger ich.

Vergeht die Zeit auch, wenn sonst gar nichts?

Sollen Kinder so werden wie du (willst),
erziehe sie zum Gegenteil.

Sex ist Hauptbestandteil von Askese
und ein friedlicher Rest Unzufriedenheit
das Geheimnis jeder Befriedigung.

Alle Menschen sind gleich vorm Affen.

Genuß ohne Reue gibt es erst
nach Almosenverteilungen.

Hinter falschem Schein liegt kein wahres Sein,
sondern die wahre Scheinwelt.

Auch das Himmelreich ist schon unter Reichen
aufgeteilt. Für Geistreiche bleiben Geisterreiche.

Lieber ein glückloseres Weiterleben
als ein *happy end*!

Ist Gott ein *one-book-writer*,
ist Satan der Co-Autor unserer Bücher.

Der Christ glaube dem Christus, aber an Gott.

Um nur an Gott glauben zu können,
glaubt mancher nicht an den Teufel.

Hier sind gute Menschen, bessert sie!

Gute brauchen kein Gesetz, Böse brechen es.
Wozu ist es gut?

(Sehn-)Sucht : übertriebener Trieb.
Amor : durchtriebener Trieb.
Abstinenz : vertriebener Trieb.
Mönch : ausgetriebener Trieb.
Bordell : betriebener Trieb.
Viagra : angetriebener Trieb.
Kind : abgetriebener Trieb.

Wittgenstein : Worüber man nicht reden kann,
das kann man nicht denken, also noch vertun.

Kommt nun der Lebenslauf zum Stillstand,
nimmt der Ruhestand seinen Dauerlauf.

Astronomie : Chaoten betrachten den Kosmos,
Kosmetiker das Chaos.

Infarkt bekommt, wem nie das Herz gebrochen.

Nur Gruppenegoismus mahnt Solidarität an.
Egoisten schützen andere nur vor anderen.

Wie geht es vom Elementarteilchen zum Sein?

Man stirbt nur zu früh,
wenn man seinen Feind nicht überlebt.

Jeder lebt länger,
nimmt er sich fürs Leben die Zeit anderer.

Wir leben in der selben Zeit, doch manche
nehmen sich nur die Zeit, die andere haben.

Von Weltall, Evolution und Weltgeschichte ist
bisher nicht viel mehr als die Kritiken bekannt.

Die menschliche Gesellschaft ist einfach
ein verdammter Mensch über dem andern.

Ein Abgrund gähnt so lange vor Langeweile,
bis er interessante Opfer verschlingt,
danach vor Müdigkeit.

Viele langweilen sich dabei,
einander nicht langweilen zu dürfen.

Unter der Erdoberfläche liegen mehr
oberflächliche als tiefe Geister.

Wer seine schlechten Seiten nicht mehr
unterdrücken kann, schreibt ein gutes Buch.

Führen Völker befriedigende Kriege,
sind ihre Anführer mit sich im Frieden.

Arbeitsfriede gewinnt Produktionsschlachten,
Geschlechterkrieg verliert nur Seelenfrieden.

Glaube macht aus deinem Tod deine Jugend.

Deine Wünsche sind Umwege der Vorsehung,
dir zu zeigen, was dir schadet.

Irre heilen heißt, ihre fixen Ideen
durch die des Psychiaters zu ersetzen.

Finster wird es erst, wo man Licht hineinbringt.

Muss ein *sacrificium intellectus* dumm sein?

Manche Tatsachen stecken nicht mal nackt
in ihren Verschleierungen.

Kinder respektieren nicht einmal mehr den
elterlichen Respekt vor ihrer Respektlosigkeit.

Kitsch für viele finanziert Kunst for the few.

Was halten zurückhaltende Menschen zurück?

Dein Hund pariert dir und repariert dich so.

Antworten auf Fragen nur Abstimmungen,
stimmt bestimmt nichts − als das Überstimmte.

Theologie heißt : Das All kennt noch Rätsel für
jede Lösung einer mathematischen Gleichung.

Den Treuen wird man untreuer als Treulosen.

Kerle, die Brüste anstarren, heißen Kindsköpfe.
Der Rest sucht im Weib das Nichts für sein Sein.

Man reagiert auf Reaktionäre,
indem man agiert und giert wie Aktionäre.

Die Welt nimmt nicht wahr, aber macht wahr,
wie man sie wahrnimmt.

Das Leben ist nicht immer einfach,
aber einfach so, wie es ist, auch nicht.

Der Sadist quält Masochisten,
indem er sie nicht quält.

Selbsterkenntnis ist, wenn du das Wahre selbst
bist. Ob du sie hast, erkennst du nicht selbst.

Muss die Chemie zwischen uns stimmen,
wird die Liebe zum Bunsenbrenner.

Diktatur beginnt mit dem Verbrechen,
das allen Verbrechen ein Ende setzt.

Lachen ist, wenn man trotzdem Tränen vergießt

Heraklit : Krieg mag der Vater aller Dinge sein,
doch Polemik ist die Mutter aller Papierkriege.

Ein Rastplatz im Schatten ist besser
als jeder Arbeitsplatz an der Sonne.

Gut sind nicht einmal Ehen zwischen
Hausmännern und misogynen Frauen.

Ruhestand mit Stillstand geht immer weit genug

Der Pessimist hält schon A nicht ganz für A.

Der *Garten Eden* ist eine menschenleere
Landschaft ohne Landwirtschaft.

Auch Selbstmörder werden nur getötet
und von Chemie zum Freitod gezwungen.

Letzte machen aus ihrem Leben das Erstbeste.

Hegel : „Freiheit ist Einsicht in die Notwendig-
keit", dass andere gehorchen.

Wollen freie Frauen, um an ihren Müttern
die Väter zu rächen, Männer beseitigen,
die laut Freud ihre Väter beseitigen wollen?

Mut ist oft nur die Feigheit, sie zu bekennen.

Wie lange ein Leben nach seinem Ende noch
(sich voll)endet, macht es auch nicht unsterblich

Guter Wille? Je besser für die Villen,
desto böser für den Willen.

Mode verkleidet alles an uns, außer Hohlköpfe.
Sie ist die herrschende Religion des Leibes,
Religion nun die bedienende Seelenmode.

Welches Licht beleuchtet ein anderes?

Wer weit und viel in sich geht,
fürchtet vielleicht die Außenwelt.

Man schämt sich nur noch seiner Schamröte.

Ein Buch veröffentlichen heißt, man bietet
sein eigen Kind öffentlich allen Pädophilen an.

Die Religion des Mammon wird säkularisiert
durch erfolgreiche Bettelmönche.

Nächstenliebe hat den Feind zum Fressen lieb.

Kater und Kinder heißen Vergnügungssteuern.

Liebende aller Länder, enteignet die Eigenliebe!

Mutter Natur sitzt wahrhaft zu lange in U-Haft.

Sind Lebewesen mit Absichten
ganz ohne Absicht entstanden?

Hölle : Irdische müssen im Himmel ewig *leben.*
Himmel : Sie dürfen in Höllen *befristet* leben.

Emanzipation? Krüppeln gab man früher
Ehepartner. Heute gibt sich ihnen keiner hin.

Altersweisheit : entwickelte Jugendtorheit.

Logik ist in Wahrheit überall,
also in Wirklichkeit nirgends.

Jeder will klassifiziert sein als unklassifizierbar.

Weil ein Toter ganz zu Erde wird,
ist ein Lebender noch nicht himmlisch.

Wir sind neugieriger auf Tiere unter uns
als auf Genies über uns.

Ohne unrentablen Idealismus
kein profitabler Materialismus, und umgekehrt.

In der Gruppe willst du die Macht,
die du durch sie angreifst?

Ich denke nach, also bin ich hinten.
Ich denk nicht dran, also bin ich dran.

Der Raum kann sich schneller ausbreiten
als das Licht in ihm.

Die aufgestiegene Sozialdemokratie zerfiel
prekär in aufgestiegene und prekäre Arbeiter.

Gesellschaft : Vereinzelte suchen Verein-Zelte.

Organisierte Kriminalität (O.K.) verstaatlicht
sich, wenn selbst der Ärmste etwas davon hat.

Ehestreit wird nur noch inzeniert
für Versöhnungssex.

Ich suche Vernunft und fliehe Rationalisten,
liebe Empiristen und fürchte die Erfahrung.

Wirtschaftliche Macht ist das Vermögen,
das Ökonomische distanziert zu halten.

Logik, Lyrik und Musik sind eins: sie haben
keine realen Objekte und nichts zu sagen.

Pferde gehen einander eher an die Kehle,
als einander in Ställe zu sperren.

Hohes Alter hat jedes Alter zugleich.

Wirf das Handtuch
in den Ring! Es kämpft für dich.

Justitia gesteht zu recht jedem das Recht zu,
Unrecht nicht zu gestehen.

Gott existiert, da das Wesen der Welt logisch ist.
– Satan existiert, da *das* nicht logisch ist.

Legt Überlegungen nie über aufgedeckte Dinge!

X-mal Tugendwerte anzupreisen, ist wertloser,
als einmal die Ladenpreise zu bewerten.

Tyrannen könn(t)en ungestraft spottende Völker
leichter regieren.

Demokrit dachte und lachte Tränen,
Heraklit meinte und weinte Tränen,
Platon trante oft lachhaft,
und Kant lachte sich gesund.

Das Unglück der Erde
liegt nicht auf dem Rücken der Steckenpferde.

Stolz : Demut der Arroganz.

Abrüstung : Entrüstung über jene, die ihre
ABC-Waffen nicht durch Keulen ersetzen.

Heisst Zeit, dass auch die Ewigkeiten
des Wechsels immer wieder wechseln?

Man flieht vor seinen Werken in die Zukunft.

Jeder ist Mittelpunkt aller Dinge,
in deren Mittelpunkt er ist.

Kosmopolit : Weltstreicher.

Verführte Platon Jünglinge, um sie zur Philosophie zu führen, oder philosophierte Sokrates
mit ihnen, um sie ins Bett zu kriegen?

Wer dich begnadigt, verurteilt deine Opfer.

Hinterzogene Steuern stecken eher
in Hochsee-Yachten als legale in Hochkulturen.

Die Masse vermasselt jeden Einzelnen einzeln.

Der Kopf hat den Witz, den er nicht macht,
sein Gegner macht den Witz, der er ist.

Der Philosoph sucht Weisheit, der Aphoristiker
findet Witz, und der Forscher erfindet Wissen.

Misstraut zu viel Selbstvertrauen
nur dem Gottvertrauen?

Aphoristiker : als Philosoph nur *häppchen*weise.

Paria oder Parvenu. Man beutet keine Arbeits-
sklaven mehr aus, sondern ihre Befreiung selbst
und macht Arbeit und Handeln zum *Neg-otium*.

Wissenschaft soll dein Leben erleichtern.
Musst du weiter schuften, widerspricht sie sich.

Verdoppeln Roboter nicht die Freizeit
für Besseres, halbieren sie die Freiheit.

Einige macht die Weltflucht krank,
andere die Weltsucht.

Beste Rüstung erlaubt die böseste Entrüstung.

Vergibst du mir deine Untaten, vergibst du dir gar
nichts; vergibst du dir meine Wohltaten, vergibst
du mir gar nichts.

In Spiegeln sieht man Vorbilder und Weltbilder.

Gott machte die Welt aus dem Nichts,
und ihr macht euch nichts draus!

Gut scheint immer nur das Opfer.

Absolute Priorität hatte bei Kant die Apriorität.

Helden haben weniger Angst als Angst vor ihr.

Schießt nicht meinen Sündenbock!

Auch Quarzuhren ohne Unruhe geben nie Ruhe.

Descartes? *Je pense, je suis* bald tot.

Galgenvögel halten sich
in Haft gern Käfigvögel.

Eine Republik ist Freiheit von ungleichen
und Gleichheit von unfreien Brüdern,
die sich nur mit Schlagworten erschlagen.

Psychologie : Die Opfer analysieren
ihre Peiniger zu Opfern.

In manchen Exhibitionisten ist das Auge
des Voyeurs mitinstalliert.

Die einzige menschenmögliche Perfektion
der Welt gibt es in mathematischer Logik,
deren Grundlagen selbst Paradoxien sind.

Wer würde sich ohne gutdotierten Kulturposten
lebenslang mit geistigen Dingen beschäftigen?

Was man vollendet, macht man (fix und) fertig.

Darf der Gesetze brechen,
dem sie keine Rechte geben?

Gelungenem fehlt der Makel des Perfekten,
doch genügt es, Perfektes mit menschlichen
Mängeln zu verzieren?

Hexenprozesse blühten erst nach dem finsteren
Mittelalter, in der humanistischen Renaissance.

Curious people only find curiosities.

Ist Perfektion außer Maschinen so unbeliebt,
weil sie weniger Freiheiten lässt?

Hab so viel Vernunft, auf meine nicht zu zählen!

Senke demütig den Blick –
auf deinen Nabel der Welt.

Poptimum. Der moderne Selbst(t)optimierer nutzt
alle gesellschaftlichen Optionen außer
der optimalen, sie ungenutzt zu lassen.

Konnten Lotterbett und Sterbebett und
Himmelbett einander jemals verdrängen?

Zurück zur Natur –
zum Fressen und Gefressenwerden?

Legale Sterbehilfe :
zu Tode langweilende Bücher.

Man kann nur den Kopf in den Sand im Getriebe
oder die Nase in ein Buch stecken.

Wissenschaft ist (str)enger als Lebenserfahrung
und laxer als Logik, weder Witz noch Weisheit.

Sinnvoller als der biedere „Sinnspruch"
ist der bittere Widerspruch im Aphorismus,
der nicht jedem gefallen will.

Heißt leben, Gott und Satan fürchten zu lernen?

Lichtenberg, Kierkegaard, Kraus :
Aufrechter Gang des Buckels.

„Die Letzten werden die Ersten sein",
die diesen gratulieren und huldigen.

Ich will nicht immer nur Recht haben : Du hast ja
Recht, dass ich immer Recht haben will.

Mensch, geh nicht unter − Leute!

Descartes 2000 : Cogito, ergo dumm or Bumm!

Große Werke dauern, große Taten dauern uns.

Tragik stellt sich nur noch komisch dar
und die Posse als Ernst des Lebens.

Sobald die KI es lernt, netzneuronal selbst
zu lernen, wird sie, die alles selbst erfindet,
die letzte menschliche Erfindung gewesen sein
und sich uns als Clowns halten.

Sind wir zu hart zur zarten Leihmutter Natur
oder zu mild zur wilden Rabenmutter Natur?

Warum blickt man oben nach Oben
und unten nach Unten?

KI oder k.o.? Künstliche Intelligenz ist noch
so blöd, dass sie uns nur stupideste Routinejobs
abnehmen und nicht mal einen dummen Spruch
wie diesen gegen sie erfinden kann.

Proletarier von morgen leben *für* und nicht
von Kunst und Kultur, doch sie leben *von*
und nicht *für* Fabrik-Arbeit.

Satan wünscht sich, deine Wünsche zu erfüllen,
Gott wünscht, dich vor ihnen zu erretten.

Proletarier aller Länder, vereinzelt euch,
aber zerstreut euch nicht!

Menschen sind stets im Gespräch –
von Gott und Satan wie übereinander.

Theorie und Praxis : Spinnen und basteln,
einsam dösen und gemeinsam davon quasseln.

Erschaffen Männer Unsterbliches,
weil Frauen nur Sterbliche(s) erschaffen?

Entlohnt mich besser für mein Sein
als für mein Tun und Schrein und Nein!

Asoziales sucht ein geistiges System,
soziales System aber geistige Fragmentierung.

Kant sah mit eigenen Augen seine Augen
eine Weltanschauung anschauen.

Sah Kant von der Welt nur die Sehkraft
seiner Augen oder die Stärke meiner Brille?

Erstellen wir unsere Welt(bilder) auch
durch transzendentale Gefühlskategorien?

Sah Kant Raum und Zeit an statt Körper darin
und die Logik jede Physik fundieren?

Sozialdemokratie kämpft für Arbeit
statt für Arme; Christdemokratie kämpft
für Reiche statt fürs Kapital.

Kunstvoll künstliche Verdummung
hat die natürliche Intelligenz sehr schlau ersetzt.

Jede zweite Großstadtehe wird geschieden.
Der Rest traut sich nicht.

Um streiten zu können, muss es Regeln geben,
um die erst geregelt gestritten werden muss,
und läuft Demokratie nach Prinzipien ab,
die erst demokratisch zu erstreiten sind?

Ist nur Tolerantes zu tolerieren?

Herrscht heute ein Imperialismus
anti-imperialistischer Grundsätze?

Wer jeden Tanzbären gleich auswildert,
erweist sich und ihm einen Bärendienst.

Friede und Freiheit, law and order: Selbst unter
Pflanzen gibt es das nicht, nur unter Steinen.

Einst war der Zensor der einzige Leser,
nun ist der Leser der einzige Zensor.

Wer mehr wahrnimmt,
wird oft weniger wahrgenommen.

Mehr als die Summe seiner Sprüche ist der
Aphoristiker nur, solange er neue machen kann.

Wer sich kennt, wird nichts mehr.

Auch die Geschmacklosigkeiten
sind verschieden.

E-Kunst lacht über Leute,
die U-Kunst zum Lachen bringt.

Auch Armut sei ein Verfassungsbruch.

Verzichte, bevor es schmerzt!

Muss ich dich lieben, wo Gott mein Nächster ist?

Am Künstler bewundert man die viele Freizeit.

Empörung gegen sie schmückt die böse Welt.

Gehorch nicht mir, nur deiner Angst vor mir
und meiner Angst vor dir!

Die Wahrheit siegt am Ende, wie Pyrrhus.

Wo was los ist, bin ich erlöst und mich los.

Ist Sex für Geld liebenswerter als Geld für Sex?

Du siehst kein Jetzt, doch wirst sehen, was war.

Wer die Normen achtet, verletzt die Normalität.

Ich denk mir mein Teil, aber will das Ganze.

Man ist heute lieber spirituell und esoterisch
als geistreich und geistlich.

Begründe deine Behauptungen nicht mit dem
schwankenden Boden deiner Tat(sach)en!

Könner glauben an Eingebung,
Dilettanten an ihre Begabung.

Der freie Markt verwünscht unglücklicherweise
das wunschlose Glück.

Ein Bonmot verändert die Welt
besser als eine Bibliothek.

Dass alles immer schöner und besser wird,
wird immer schlimmer.

Für die Welt sind Schriftsteller heute eher
bessere Schausteller als beste Zuschauer.

Man spuckt Böses lieber an als aus, doch Gott
schluckt die Lauen jetzt wie arme Schlucker?

Sprache ist lieber widerspruchsfrei,
als Widersachern zu widersprechen.

Das Ganze spielt mit dem,
der mit dessen Teilen spielt.

Verbessert die Umwelt : Werdet böser!
Bessert euch : Macht die Mitwelt schlecht!

Geometrische überleben biometrische Formen.

Wer mich erwischt hat,
treibt mich zur Suche nach mir selbst.

Es gilt als größte Tragik, jeder zu entgehen.

Jedes Buch enthält ein Kapitel
mit Rezension seiner Rezensionen.

Lieber ein Diener des größten Ganzen
als sein eigener Herr über kleinste Parzellen?

Meine Kragenweite : Bin ich frei, wenn mir
der Kragen platzt, an den es mir geht?

Braucht Destruktives eine *konstruktive Kritik*?

Geliebte lieben das Leben.

Wäre ein Kant der apriorischen
Transzendentalgefühle zu emotional?

Mehr als halbe Lust wird schon halbe Unlust.

Lern und stirb nicht unter deinem Niveau!

Du stehst wirtschaftlich besser als dein Knecht
und moralisch besser als dein Herr.

Schwache werden gefordert, Starke gefördert
und Halbstarke aufgefordert zu überfordern.

Wer jede Überzeugung tolerieren soll,
braucht keine eigene.

Leider kann man sich gegen Leid nicht
abstumpfen ohne auch gegen Lust.

Wo Maschinen mehr (weniger) erzeugen,
da zeugen Menschen weniger (mehr).

Wer nur in der Vergangenheit lebt, wird nicht
wieder jung, sondern nimmt den Tod vorweg.

Man macht stets das Böseste aus dem Besten,
das du aus dir machst.

Jeder ist von Natur ein Fallensteller,
doch von Kultur ein Schrift- und Fragensteller.

Selbst gescheites Lernen aus Scheitern scheitert.

Meine Identität liegt in diversen Differenzen
zu und mit anderen Identitäten.

Man kann alles begründen,
doch sich nur behaupten.

Lust sucht andere Lust,
Leid nur sein Ende.

Recht braucht Gefängnis, Moral aber Gewissen

Freiheit erfährt nichts, Bindung erlöst nicht.

Ungenaues Wort trifft die Welt genau,
exakte Sprache nur die ungefähre Sache.

Ein Irrgarten von Büchern
will aus dem Chaos der Welt führen.

Alles ging voran, als du endlich kamst,
alles kommt voran, wenn du endlich gehst.

Trotz der Natur dein Überleben ab
und der Kultur deine überlegene Überlegung!

Jeder dreht sich wie die Erde um sich selbst.

Wer so viele geistige wie leibliche Kinder will,
bleibt steril.

Geist braucht man nur *gegen* seine Zeit,
Zeit aber *für* seinen Geist.

Darf Kultur nie mit Norm und Moral quälen,
muss Natur stets mit Flut und Hunger quälen.

Man liebt und hasst sich trotz aller Chancen
und wegen aller Risiken.

Wer Moral mehr missachtet als Gemeinschaft,
wirkt heute moralischer.

Wer von Hochkultur nicht gequält wird,
wird von Rabenmutter Natur gefressen.

Sich freimachen ist leichter als freisein.

Autonomie : Ich will, was ich soll.
Repression : Ich muss, was ich möchte.

Moral gilt ewig, Amoral gibt's ewig.

Die Zehn Gebote kann jeder leichter erfüllen
als sich die Wünsche auf tausend Angebote.

Reisen bildet – sich Bildung ein.

Hundert Angebote erzeugen tausend Wünsche,
zehn Nachfragen aber nur ein teures Angebot.

Egoismus adelt sich zum Selbsterhaltungstrieb
in der Hölle, Altruismus falliert als Herdentrieb

Darfst du über die ganze Wahrheit urteilen,
ist sie dir unterworfen.

Trauer spielt sich ab auf dem Meer, Drama
auf dem Land und Posse in der Stadt.

Dass Gattung die Gatten überlebt und die Allgemeinheit den Einzelnen, macht sie gemein.

Aller Überfluss fließt ins Überflüssige,
aber liest man zweimal denselben Heraklit?

Man sucht das Glück, zu Geld zu kommen,
das bekanntlich nicht glücklich macht.

Interessen und Gelegenheiten kann man wahr-
nehmen, doch fürwahr nicht für wahr nehmen.

Tabu gilt schon als Verstoß gegen seinen Bruch

Man fordert Gleichheit ohne Vergleich.

Wer jetzt sterben muss,
muss nichts anderes mehr.

Der billige Angriff auf Naturplünderung
ist Angriff auf teure Naturwissenschaft.

Nur als Sklave deines Herrgotts
würdest du deiner Herren Herr.

Nur Schlechtes *tun* heißt besser
als Schönes nur *träumen*.

Fortschritt erhob Geistiges über Körperliches:
Man verhöhnt nun Dummköpfe, nicht Krüppel.

Nichts ist moralischer, als hohe Moral zu haben

Das Grundrecht auf Unkreativität ist unantastbar,
die Kreativität des Menschen ist unantastbar
verborgen.

Schuldlos schuldig? Wer verantwortet, dass Ur-
sachen für Wirkungen verantwortlich sind?

Zu viel Selbstsicherheit macht so gewalttätig
wie zu wenig.

Kommt ein Geistreicher eher durchs Nadelöhr
als ein reiches Kamel in die Hölle?

Bürgerkunst adelte Bauer, Hirt und Arbeiter,
aber nie Intellektuelle und Stubengelehrte.

Vor hoher Geschicklichkeit ist Schicksal tief.

Sehnsucht und Hoffnung beginnen,
wo die Wünsche erfüllt sind.

Man lässt Vorurteile hinter sich wie Rivalen.

Satt wird man leichter als zufrieden.

Redliches Handeln weist bloßes Reden von der
Hand, behandelt aber Handarbeit wie Dreck.

Kann man im Himmel sündigen und in der Hölle
Gutes tun, um sich rauszuopfern?

Schreckliche Vereinfachung heißt heute
„sinnstiftende Komplexitätsreduktion".

Man verliert sich in Details
oder im allgemeinen Ungefähr.

Widerlegt höhere Moral bessere Argumente?

Nieder mit den Privilegien
der Lebenden vor den Toten!

Ob Warenhaus, Freudenhaus, Zuchthaus oder
Irrenhaus : Hauptsache, es geht nach Hause.

Mächtiger Wissensdurst befreit
von Freiheitsdurst besser als Machthunger.

Echte Befreiung macht Beliebigkeit unbeliebt.

Fremdgehen wurde willkommener als Fremde.

Flüchte in deine Grenzen! Grenzenlose Selbstbegrenzung überschreitet alle Entgrenzungen.

Deine Vergangenheit ist deine gute alte Zeit,
weil sie am weitesten weg ist von deinem Tod.

Schund-*Autoren* stehen über Proust-*Lesern*.

Begehrt ist alles nur in seinem Missbrauch.

Erzieher scheitern, wie sie erzogen sind.

Höchstes Prestige genießt dessen Verachtung.

Du träumst von ewiger Liebe,
die etwas Ewiges in dir (an)erkennt.

Der Stein der Weisen fällt oft
vom Herzen auf die Füße.

In der Logik vertreten notwendige Widersprüche den Widerstand von Wirklichkeit.

Als *Frau Welt* und *Mutter Natur*
wird Realität etwas erträglicher.

Kants Vernunft sprach viel von *Erfahrung*,
weil er wenig erlebte.

Wenn schon „Neuronen feuern",
müssen Kanonen klug sein.

Nieder mit der Ungleichheit
von Schwarz und Weiß und Wahr und Falsch!

Das Chaos war nie schöpferisch,
sondern nur Material des Schöpfers.

Was sind bloß dunkle menschliche Abgründe?
Macht- und Liebeshunger ohne Wissensdurst?

Geglücktes Leben : Freiwillig ins Unglück
gerannt statt zum Glück gezwungen.

Träumt nachts von Mut zu großen Tagträumen!

Ein Individuum ist so selten
wie intelligente Originalität.

Gibt es zu Atheisten noch Adiabolisten?

Alles verknöchert, verdunstet oder wird über-
flüssig. Man suche neue Aggregatzustände.

Die Bestie holt das Beste aus dir heraus u. u.

Erreichen oder verlieren die harten Qualen
in zarten Zahlen ihren Sinn?

In Mathematik gibt es friedliche Befriedigung
für die meisten nur um den Preis der Langeweile.

Niemand lebt, weil er's so wollte,
sonst hätte er's längst über.

Goliath ist nicht ins Schleudern zu bringen
durch den Stein der Weisen.

Wo Bildungshunger zu Bilderkult verfällt,
steigt der Hunger zum Appetit auf.

Tatmotive wählt jeder nach Belieben.

Man presst alle(s) in Schubladen,
um in keine gepresst zu werden.

Ist es diese Zukunft wert, in mir zu vergehen?

Wer ins ewige All aufgeht,
ist schon vor Todesangst gestorben.

Höheres kann mehr niederziehen
als Tiefes uns erheben.

Wie ich selbst sollst du sein wollen, nicht sein.

Kulturkapital und Geistesarbeit. Dichten
und Denken schaffen oft rigidere Klassen-
gesellschaften als Kapital und Arbeit.

Emotion hat soviel Motive wie die Lokomotive.

Ein Urteil ist ein Befehl ohne Ausrufzeichen!

Gegner begegnen sich zum Treffen : *Touché!*

Irdisches wirkt vom Himmel aus noch viel
komischer als Himmlisches von hier unten aus.

Leibesertüchtigung war immer die leichteste Art,
an Denksport hochgerühmt vorbeizukommen.

Eine Stunde vorm Tod erscheint dir dein ganzes
Leben sehr kurz, eine Minute vorm Tod läuft
noch einmal dein Leben ganz ab (und eine
Sekunde davor vielleicht eine ganze Ewigkeit?).

Nichts melancholischer als Clowns,
nichts komischer als Trauerklöße.

Respektlose verschaffen sich Respekt.

Güte : *four-letter-word* der Bösewichte.

Neue Antithesen verkehren gut
und kehren besser um als Hypothesen.

Spar dir deine Gedanken (zusammen)!

Aphorismenbände des Autors

„Der Mensch ist, was er verg-isst /
Kosmostheorie oder Gemeinschaftspraxis", 2007

„Philosophische Formelsammlung :
*Ambivalente Gedankenexperimente und nachsokratische
Fragmente"*, 2012

„Aphorismen zur Zeitaltersweisheit –
Kopfverdreher, Kopfzerbrecher", 2014

„Die längste Leine trägt die Freiheit –
Faule Zaubersprüche", 2015

„Quanten, Quarks und Strings im Kopf –
Eintausend neue Aphorismen", 2015

„Die meisten Aufrechten sind unter Gefallenen /
Dumme Sprüche, alte Spiele", 2015

„Dein Leben hat Sinn – für deine Ausbeuter",
Ein aphoristisches Gesellschaftssystem, 2016

„Fürchte den, der dich fürchtet – Hundert Jahre DADA",
Zwergrätsel zu Spottpreisungen, 2016

„Mit einem Satz ins Freie – *Reflexionen, Urteile
und Sentenzen"*, 2. überarbeitete Auflage, 2016

„Kurz und klein − klein, aber fein", *Aphorismen,* 2016

„Gewinner heißen Spielverderber", *Aphorismen",* 2016

„Sei zu klein, um zu herrschen, und zu groß, um beherrscht
zu werden − *Dogmatische Aphorismen",* 2016

„Schlafmützen nennen uns Träumer −
Lumpenproletarische Sprüche", 2017

„Zwergrätsel, Satiren und Zwickmühlen −
Auswahl von Aphorismen", 2017

„Verteidigung des Elfenbeinturms −
Große Sprüche, wieder nur Widerspruch", 2017

„Fertig machen dich deine Fertigkeiten −
Aphoristische Idyllen", 2017

„Oft verzeiht man, um straflos auszugehen −
Kurze Digressionen", 2018

„Kein Kopf könnte sich selbst ausdenken −
Reflexionen und Meditationen", 2018

„Man leidet unter Besseren wie unter Böseren −
Scheitern macht auch nicht gescheiter", 2018

„Wachs auf dem Mist, den andere machen −
Aphorismen zur Schulweisheit", 2018